PLEGARIAS Y ORACIONES ESCOGIDAS

PLEGARIAS Y ORACIONES ESCOGIDAS

Antología
del Padre Francisco Javier Bautista

EDITORIAL ÉPOCA, S.A. DE C.V.
Emperadores No. 185
Col. Portales
C.P. 03300-México, D.F.

Prólogo

La frase *Dios nos crea a su imagen y semejanza* quizá no se refiera tanto a nuestro aspecto físico sino a que hemos recibido de Él, entre otras cosas, el don de la palabra creadora.

Cuando platicamos con otra persona generamos sensaciones, ideas e incluso actitudes nuevas. A la vez, todo un mundo se abre en nuestro interior cuando escuchamos o leemos lo que alguien nos dice. La palabra es una inmensa red de interrelaciones entre las personas.

Sin embargo, hay una diferencia entre la imperfecta palabra humana y la perfecta palabra de Dios.

Todos hemos padecido las dificultades de la comunicación humana. En cada cosa que decimos hay siempre una porción de duda, algo misterioso que no alcanzamos a decir, algo que no entiende aquél a quien nos dirigimos. Cosa que no sucede cuando oramos, pues en las oraciones como en las plegarias encontramos esa forma de lenguaje que tiene la capacidad de llenar ese misterio, encontrar la fuente de esa duda, un lenguaje con una carga especialmente poderosa para acercarnos a ese misterio y, por supuesto, para acercarnos a nuestro Creador.

Dios mismo nos ha enseñado palabras para dirigirnos a Él, para estar en su compañía; en las palabras sagradas no sólo hallamos la expresión de Dios sino a Dios mismo.

Estos textos se llaman rezos, oraciones, plegarias. Por su belleza, por la carga de emotividad que guardan, por la inteligencia de su pensamiento y por algo misterioso que hay en ellas y que no sabemos qué es, tienen la capacidad de acercarnos a Dios, de ayudarnos a saciar nuestra sed de respuestas y, dada la tranquilidad que nos brindan, a resolver nuestros problemas con más entereza, a enfrentarnos a la vida y sus vicisitudes con mayor confianza en nosotros mismos y más fe en que podremos resolverlos.

Todos anhelamos la Gracia Divina, los Milagros de Dios, ser salvados o protegidos por Dios Padre.

Todos, creyentes o no, practicantes o no... y aún siendo creyentes y practicantes, pocos sabemos pedir y pocos agradecer.

Queremos ser escuchados, procurados, pero a veces no sabemos cómo.

¿Cómo comenzar? ¿Qué oración elegir y de qué forma rezar?

Bien los salmos comienzan agradeciendo, y así ha de ser en cualquier caso.

Pensando un poco hallaremos mil razones para decir, de corazón, gracias.

Y continuar así con la mente y el corazón dispuestos, concentrados en cada palabra y cada sentimiento.

Sentimientos positivos, de bondad, compasión, alegría, ternura, amor.

Dejar de lado nuestros apremios personales y llenarnos de Dios, crear imágenes bellas donde Él nos encuentre y canalizar nuestra energía en relacionarnos y comunicarnos con nuestro Protector.

De modo que logremos con eficacia el ejercicio de la oración, permitiéndonos sentir su enorme fuerza espiritual, mental y emocional. Con la seguridad de que nuestras peticiones no nos serán negadas.

Siempre, claro, que éstas sean para bien, ya sea ajeno, propio o universal.

No debemos pedir nunca el mal, ni concesiones ventajosas o perversas; de hacerlo así no sólo obstaculizaríamos nuestra relación con el Señor, sino que rebotarán nuestras palabras y se volverán hacia nosotros, tal vez en enfermedad o en desdicha, tal vez en tragedias o ruina, desprestigio o dolor, o la misma muerte.

Dios es Amor y por ello resulta lógico que con amor nos dirijamos a Él. Para ser escuchados habrá que ser claros y no distraer nuestra atención a Él. Crear imágenes positivas y nítidas, pero ante todo habrá que ser honestos y entregados.

De nada sirve memorizar y repetir, debemos comprender la oración o plegaria de forma que al pronunciarla podamos sentirla, palabra por palabra.

Recordando siempre que Dios escucha el corazón y las almas de cada uno de nosotros.

Si el orar nos conmueve, es certeza de que hemos conmovido al Señor.

Nunca olvidemos que la vida con Dios es *vida de fe*, y la fe no es sentir, sino saber.

Pensemos que el crecimiento en Dios es lento y lleno de obstáculos, habrá que aceptar con paz estos hechos y al recaer, levantarse y andar.

La oración es relación con nuestro Señor, sólo eso no basta. No habrá que buscar ser humildes, sino hacer actos de humildad.

Siempre que oremos, tomaremos una posición corporal correcta: cabeza y tronco erguidos. Aseguremos una buena respiración, relajando tendones y nervios, creando recuerdos e imágenes, haciendo vacío y silencio.

Concentrándonos y poniéndonos ante la presencia divina, invoquemos al Espíritu Santo y comencemos a orar. Serán suficientes cuatro o cinco minutos, siempre que estemos serenos.

"Por tanto os digo, que todas las cosas que pidiéreis orando, creed que las recibiréis y os vendrán".
(San Marcos, cap. XI, 24)

Persignándome

En el nombre del Padre + , del Hijo + y del Espíritu
Santo + . Amén.

Un buen comienzo

Abre mis labios, Señor y anunciaré tu alabanza.
R. Atiéndeme, y sin tardanza dame tu auxilio y favor.
V. Gloria al Padre + , al Hijo + y al Espíritu Santo + .
R. Así como era en un principio, sea ahora y siempre,
y por los siglos de los siglos. Amén.

Gloria al Padre

Gloria al Padre + , Gloria al Hijo + , Gloria al Espíritu
Santo, así como en un principio, ahora y siempre, por
los siglos de los siglos. Amén.

Padre Nuestro

Padre Nuestro
que estás en el Cielo,
santificado sea tu Nombre;
vénganos tu Reino;
hágase tu voluntad
así en la Tierra
como en el Cielo.
Danos hoy el pan de cada día
y perdona nuestras deudas
así como nosotros
perdonamos
a nuestros deudores.
No nos dejes
caer en tentación,
mas líbranos y guárdanos
de todo mal.
Amén.

Credo

Creo en un solo Dios,
Padre Todopoderoso,
Creador del Cielo y de la Tierra.
Creo en Jesucristo,
su único Hijo,
Señor Nuestro,
que fue concebido por el Espíritu Santo.
Y nació de Santa María Virgen.
Padeció bajo el poder de Poncio Pilato.
Fue crucificado,
muerto y sepultado.
Descendió a los infiernos
y al tercer día resucitó
de entre los muertos.
Subió a los Cielos
y está sentado
a la diestra de Dios Padre,
Todopoderoso.
Desde allí ha de venir a juzgar
a los vivos y a los muertos.
Creo en el Espíritu Santo,
la Santa Iglesia Católica,
la Comunión de los Santos,
el Perdón de los pecados,
la resurrección de la carne
y la vida eterna.
Amén.

Yo pecador

Yo pecador,
me confieso
a Dios Todopoderoso,
a la bienaventurada siempre Virgen María,
al bienaventurado San Miguel Arcángel,
al bienaventurado San Juan Bautista,
al bienaventurado Señor San José,
a los Santos Apóstoles
San Pedro y San Pablo
y a todos los Santos,
y a vos, Padre,
que pequé gravemente,
con el pensamiento, palabra, obra:
Por mi culpa,
por mi culpa,
por mi grande culpa.
Por tanto ruego
a la bienaventurada siempre Virgen María,
al bienaventurado San Miguel Arcángel,
al bienaventurado San Juan Bautista,
al bienaventurado Señor San José,
a los Santos Apóstoles
San Pedro y San Pablo,
a todos los Santos,
y a vos, Padre,
que roguéis por mí a Dios
Nuestro Señor. Amén.

Al Ángel de la guarda

Ángel de la guarda, mi dulce compañía,
no me desampares ni de noche ni de día.
No me dejes solo, que me perdería.
No me dejes vivir, mucho menos morir,
en pecado mortal. Amén.

Al Niño Dios

Niñito chiquito,
Infante precioso,
Concédeme un sueño
De paz y reposo. Amén.

Ave María

Dios te salve María,
llena eres de gracia.
El Señor es contigo.
Bendita tú eres
entre todas las mujeres
y bendito sea el fruto
de tu vientre: Jesús.
Santa María,
Madre de Dios,
ruega por nosotros los pecadores,
ahora y en la hora de nuestra muerte.
Amén.

A la Virgen María

Salve,
Santa Madre,
que engendraste al Rey
que gobierna los Cielos y la Tierra
por los siglos de los siglos.
Amén.
Un bello cántico
sale de mi corazón:
al Rey dedico mis obras.
Gloria al Padre,
Gloria al Hijo,
Gloria al Espíritu Santo,
por siempre y para siempre
por los siglos de los siglos.
Amén.
Suplicamos,
Señor y Dios Nuestro,
concedas a tus siervos
gozar de perpetua salud
en alma y cuerpo;
y que por la gloriosa intercesión
de la bienaventurada Virgen María,
nos veamos libres
de las tristezas de esta vida
y gocemos de las alegrías eternas.
Por Nuestro Señor Jesucristo.
Amén.

Salve

Dios te salve, Reina y madre de misericordia,
vida y dulzura y esperanza nuestra.
Dios te salve.
A ti llamamos los desterrados
hijos de Eva.
A ti suspiramos, gimiendo y llorando
en este valle de lágrimas.
¡Ea, pues!, Señora abogada nuestra,
vuelve a nosotros esos tus ojos
misericordiosos.
Y después de este destierro
muéstranos a Jesús,
fruto bendito de tu vientre.
¡Oh, Clementísima; oh, Piadosa;
oh, Virgen María!
Ruega por nosotros
Santa Madre de Dios
porque seamos dignos de alcanzar
las promesas de Jesucristo, Nuestro Señor.
Amén.

Al Corazón dolorido de María

Te compadezco, Dolorida María,
por la aflicción que tu tierno Corazón
padeció con la profecía
del Santo anciano Simeón.

Querida Madre,
por tu Corazón tan afligido
alcánzame la virtud de la humildad
y el don del Santo temor de Dios.
Dios te salve María...
Te compadezco, Dolorida María,
por las angustias que sufrió
tu sensibilísimo Corazón
en la huída y permanencia en Egipto.
Amada Madre,
por tu Corazón tan angustiado,
alcánzame la virtud de la libertad,
especialmente con los pobres,
y el don de la Piedad.
Dios te salve María...
Te compadezco, Dolorida María,
por las congojas que sintió
tu cuídadoso Corazón
en la pérdida de tu querido Jesús.
Amada Madre,
por tu Corazón tan agitado,
alcánzame la virtud de la castidad
y el don de la sabiduría.
Dios te salve María...
Te compadezco, Dolorida María,
por la consternación que sintió
tu maternal Corazón
al encontrar a Jesús cargado con la Cruz.
Amada Madre,

por tu amoroso Corazón tan atormentado,
alcánzame la virtud de la paciencia
y el don de la fortaleza.
Dios te salve María...
Te compadezco, Dolorida María,
por el martirio que padeció
tu generoso Corazón
presenciando la agonía de Jesús.
Amada Madre,
por tu Corazón tan martirizado,
alcánzame la virtud de la templanza
y el don del consejo.
Dios te salve María...
Te compadezco, Dolorida María,
por la herida que sufrió
tu piadoso Corazón
con la lanza que abrió el costado de Jesús,
e hirió su amabilísimo Corazón.
Amada Madre,
Por tu Corazón así traspasado,
alcánzame la virtud de la caridad fraterna
y el don del entendimiento.
Dios te salve María...
Te compadezco, Dolorida María,
por el pasmo
que tu amantísimo Corazón
experimentó en la sepultura de Jesús.
Amada Madre,
por tu desolado Corazón,

alcánzame la virtud de la diligencia
y el don de la sabiduría.
Dios te salve María...
Ruega por nosotros,
Virgen Dolorosísima,
para que seamos dignos
de las promesas de Cristo.

Señora del Silencio

Madre del Silencio y de la Humildad,
Tú vives perdida y encontrada
en el mar sin fondo del Misterio del Señor.
Eres disponibilidad y receptividad.
Eres fecundidad y plenitud.
Eres atención y solicitud por los hermanos.
Estás vestida de fortaleza.
En Ti resplandecen la madurez humana
y la elegancia espiritual.
Eres señora de Ti misma
antes de ser señora nuestra.
No existe dispersión en Ti.
En un acto simple y total, tu alma, toda inmóvil,
está paralizada e identificada con el Señor.
Estás dentro de Dios y Dios dentro de Ti.
El Misterio Total te envuelve y te penetra,
te posee, ocupa e integra todo tu ser.
Parece que todo quedó paralizado en Ti,
todo se identificó contigo:
el tiempo, el espacio, la palabra,
la música, el silencio, la mujer, Dios.
Todo quedó asumido en Ti, y divinizado.
Jamás se vio estampa humana
De tanta dulzura, ni se volverá a ver en la Tierra
mujer tan inefablemente evocadora.
Sin embargo, tu silencio no es ausencia,
sino presencia.

Estás abismada en el Señor,
y al mismo tiempo,
atenta a los hermanos como el Caná.
Nunca la comunicación es tan profunda
como cuando no se dice nada,
y nunca el silencio es tan elocuente
como cuando nada se comunica.
Haznos comprender
que el silencio
no es desinterés por los hermanos
sino fuente de energía e irradiación;
no es repliegue sino despliegue,
y que, para derramarse,
es necesario cargarse.
El mundo se ahoga
en el mar de la dispersión,
y no es posible amar a los hermanos
con un corazón disperso.
Haznos comprender que el apostolado,
sin silencio, es alienación;
y que el silencio, sin el apostolado
es comodidad.
Envuélvenos en el manto de tu silencio
y comunícanos la fortaleza de tu Fe,
la altura de tu Esperanza,
y la profundidad de tu Amor.
Quédate con los que quedan,
y vente con los que nos vamos.
¡Oh, Madre Admirable del Silencio!

Salmo 4

"Alegría que da la confianza de Dios"

Cuando te invocare, escúchame,
Dios de mi Justicia,
que en la tribulación me aliviaste;
apiádate de mí y escucha mi oración.
Realizaré sacrificios justos y esperaré.
¿Quién nos mostrará los bienes?
¡Alza sobre nosotros, Señor, la luz de tu rostro!
Diste a mi corazón una alegría
mayor que cuando abundan en trigo y en vino.
En paz, no bien me acuesto, estoy dormido,
porque Tú solo, Señor, me infundes seguridad.

Oración a Nuestro Señor Jesucristo

Ven, Señor Jesús, única salvación de mi alma
e infunde en mi pecho la multitud de tus dulzuras,
para que nada ame y nada desee fuera de Ti.
Ven, mi alegría y felicidad;
ven, esperanza y fortaleza mías,
porque contigo están la Gloria y las riquezas,
la paz y el Paraíso.
Vengo a Ti confiado en tu amor,
y en Ti espero no ser confundido.
Alegra el alma de tu siervo
y suple lo que falta en mí,

Benignísimo Salvador,
que te has dignado a llamar a todos diciendo:
Venid a Mí todos los que andáis agobiados
con trabajos y cargas que yo os aliviaré
Alíviame Tú, porque en Ti residen
todas las delicias del Cielo,
del abundantísimo río que brota
de las alegrías de Dios con tanta plenitud,
que todos los que dignamente se acercan a Ti
quedan llenos de una delicia inexplicable.
Une contigo mi alma íntimamente
y hazme digno de que me siente,
debidamente revestido de virtudes,
en esta mesa más que celestial
y dulcemente goce de la divinidad presente en ella.
Amén.

Gloria

Gloria a Dios en el Cielo,
y en la Tierra paz a los hombres de buena voluntad.
Por tu inmensa Gloria,
te alabamos,
te bendecimos,
te adoramos,
te glorificamos, te damos gracias
Señor Dios, Rey Celestial,
Dios Padre Todopoderoso,
Señor Hijo único, Jesucristo.

Señor Dios, Cordero de Dios,
Hijo del Padre:
Tú que quitas el pecado del mundo,
ten piedad de nosotros;
Tú que quitas el pecado del mundo,
atiende nuestras súplicas;
Tú que estás sentado a la derecha del Padre,
Ten piedad de nosotros.
Porque sólo Tú eres Santo,
sólo Tú, Señor,
sólo Tú, Altísimo, Jesucristo,
con el Espíritu Santo
en la Gloria de Dios Padre. Amén.

Invocación a Dios Poder Supremo

Desde el punto de Luz en la mente de Dios,
que afluya Luz Divina en las mentes de los hombres;
que esa luz divina inunde la Tierra.
Desde el punto del Amor en el Corazón de Dios,
Que afluya el amor a los corazones de los hombres.
Que el Amor de Cristo se haga sentir en los
corazones.
Desde el Centro donde la voluntad de Dios es
conocida,
que el propósito suyo guíe la voluntad
de todos los hombres;
el propósito que el maestro conoce y sirve.
Desde el Centro que llamamos la raza humana,

que se cumpla sin más dilación el Plan Divino.
Plan de Amor, plan de Luz y de buena voluntad.
Desde el centro que llamamos el Bien de Dios,
que la concordia y la paz reinen
en los corazones de los hombres
y sellen la puerta que conduce al mal, al egoísmo,
al temor…
Que la Luz, el Amor y la Buena Voluntad
restablezcan la armonía en la Tierra.
Que Cristo reine supremo
en los corazones de los hombres.
Que haya Paz en la Tierra y que esa paz
comience en la mente y en el corazón de cada ser.
Amén.

El Dios de la Fe

¡Oh, Tú que no tienes nombre
y eres impalpable como una sombra
y sólido como una roca!
Nunca serás empíricamente captado
ni intelectualmente dominado,
porque eres el Dios de la Fe.
No eres una cosa misteriosa sino el Misterio:
aquél que no puede ser entendido analíticamente;
aquél que no será reducido
a abstracciones ni categorías.
Aquél a quien nunca alcanzarán los silogismos;
aquél que es para ser acogido, asumido, vivido.

Aquél al que se le *entiende* de rodillas,
en la fe, entregándose.
Eres el Dios de la Fe.
Las palabras más excelsas del lenguaje humano
no serán capaces de encerrar en sus fronteras
ni un ápice de tu substancia,
no podrán abarcar la amplitud, inmensidad
y profundidad de tu realidad.
Superas, abarcas, trasciendes y comprendes
todo nombre y toda palabra.
Eres realmente el Sin-nombre,
verdaderamente, el Innominado.
Eres el Dios de la Fe.
Sólo en la noche profunda de la Fe,
en el silencio total y en la Presencia Total,
dobladas las rodillas y abierto el corazón,
sólo entonces aparece la certeza de la Fe,
la noche se trueca en medio día
y se comienza a entender al ininteligible.
Mientras tanto, tenuemente vamos vislumbrando
tu figura entre penumbras, huellas, vestigios,
analogías y comparaciones.
Pero cara a cara no se te puede mirar.
Eres el Dios de la Fe.
Nuestra alma desea ardientemente asirse a Ti,
queremos poseerte, ajustarnos en Ti y descansar.
Pero, ¡cuántas veces!, al llegar a tu mismo umbral,
te desvaneces como un sueño,
y te tornas en ausencia y en silencio.

Definitivamente, eres el Dios de la Fe.
Como los exiliados, somos arrastrados hacia Ti
por una oscura y potente nostalgia,
una extraña nostalgia por una persona
que nunca abrazamos y una patria
que nunca habitamos.
Nos das el aperitivo y nos dejas sin banquete.
Nos diste las primicias, pero no las delicias del Reino.
Nos das la sombra, pero no tu Rostro,
y nos dejas como un arco tenso. ¿Dónde estás?
Peregrinos de lo absoluto y buscadores de un Infinito
que nunca *encontraremos* y, al *no encontrarte* jamás,
estamos destinados a caminar siempre detrás de Ti,
Como eternos caminantes en una odisea
que sólo acabará en las playas definitivas de la Patria,
cuando hayan caducado la Fe y la Esperanza
y sólo quede el Amor.
Entonces sí, te contemplaremos cara a cara.
Dios mío, si yo soy un eco de tu voz,
¿cómo es que el eco sigue vibrando
mientras la voz permanece en silencio?
Si yo soy el río y Tú el mar,
¿cuándo voy a descansar en Ti?
Te aclamo y reclamo, te afirmo y confirmo,
te exijo y necesito, te añoro y te anhelo,
¿dónde estás?
Oh, Tú que no tienes nombre ni figura,
En la oscuridad de la noche doblo mis rodillas,
me entrego a Ti, creo en Ti.

Señor de la Victoria

Cuando todo se desmorona
en nuestros proyectos humanos,
en nuestros apoyos terrestres;
cuando de nuestros más bellos sueños
sólo nos queda la desilusión;
cuando nuestros mejores esfuerzos
y nuestra más firme voluntad
no alcanzan el objetivo propuesto;
cuando la sinceridad y el ardor del amor
nada consiguen,
y el fracaso está ahí, desolador y cruel,
frustrando nuestras más bellas esperanzas,
Tú permaneces, Señor, indestructible y fuerte,
nuestro amigo que todo lo puede.
Tus designios permanecen intactos,
nada puede impedir que tu voluntad se cumpla.
Tus sueños son más bellos que los nuestros
y Tú los realizas.
Conviertes los fracasos en un triunfo mayor,
nunca eres vencido.
Tú, que de la pura nada haces surgir el ser y la vida,
tomas nuestra impotencia en tus manos creadoras,
con infinito amor,
y la haces producir un fruto, obra tuya,
mejor que todos nuestros deseos.
En Ti, nuestra esperanza se salva del desastre,
cumplida en plenitud. Amén.

Salmo 115

"Confianza en el Verdadero Dios"

La casa de Israel confía en el Señor:
Él es su amparo y su escudo.
La casa de Aarón confía en el Señor:
Él es su amparo y su escudo.
Los que temen al Señor,
confían en el Señor:
Él es su amparo y su escudo.
El Señor se acuerda de nosotros
y nos bendecirá;
bendecirá a la casa de Israel,
bendecirá a la casa de Aarón.
Bendecirá a los que temen al Señor,
así a los pequeños como a los grandes.
El Señor os multiplicará a vosotros,
a vosotros y a vuestros hijos.
Benditos vosotros del Señor,
que hizo el Cielo y la Tierra.

Invocación al Espíritu Santo

Ven, Espíritu Divino,
manda tu Luz desde el Cielo.
Padre amoroso del pobre;
Don, en tus dones espléndido;
Luz que penetras las almas;
fuente del mayor consuelo.
Ven, dulce huésped del alma,
descanso de nuestro esfuerzo,
tregua en el duro trabajo,
gozo que enjuga las lágrimas
y reconforta en los duelos.
Entra hasta el fondo del alma,
Divina Luz, y enriquécenos.
Mira el vacío del hombre
si Tú le fallas por dentro;
mira el poder del pecado
cuando no envías tu aliento.
Riega la tierra en sequía,
sana el corazón enfermo,
domina el espíritu indómito,
guía al que tuerce el sendero.
Reparte tus siete dones
según la fe de tus siervos.
Por tu bondad y tu gracia
dale al esfuerzo su mérito;
salva al que busca salvarse
y danos tu gozo eterno. Amén.

Oración al Santo del día

Bienaventurado Santo N…,
bajo cuya protección está este día
en que la Iglesia
hace conmemoración de tu vida y muerte:
Yo te suplico con toda humildad
intercedas con Jesucristo,
mi Dios y Redentor,
para que en curso de Él
no cometa culpa alguna,
dirigiendo mis acciones y pensamientos
hacia lo más justo y recto. Amén.

Invocar a San José

A Ti recurrimos en nuestra tribulación,
oh, bienaventurado San José.
Y después de implorar el socorro
de tu Santísima Esposa,
a Ti también te pedimos con encarecimiento
y muy confiadamente tu patrocinio.
Te lo suplicamos por aquella caridad
que te unió con la Inmaculada Virgen de Dios.
Y por el Amor Paternal
con que abrazabas al Niño Jesús,
humildes te rogamos que mires benigno
la herencia de Jesucristo, adquirida con Su Sangre,
y socorras nuestras necesidades
con tu Poder y Amparo.
Protege,
¡Oh, Providentísimo Custodio de la Sagrada
Familia!,
la estirpe escogida de Jesucristo;
aparta de nosotros, Amantísimo Padre,
toda mancha de error y corrupción.
Asístenos, propicios desde el Cielo,
Fortísimo Liberador nuestro,
en la lucha que sostenemos
contra el poder de las tinieblas.
y así como libraste al Niño Jesús
de inminente peligro de la vida,
así ahora, defiende a Su Santa Iglesia

de todas las asechanzas del enemigo
y de toda adversidad.
Cúbrenos perpetuamente
con tu patrocinio para que,
animados con tu ejemplo y auxilio,
podamos santamente vivir,
piadosamente morir y alcanzar en el Cielo
la eterna bienaventuranza. Así sea.

Oración a San José

Ya estoy a los pies del Gloriosísimo José,
ya estoy postrado ante ese felicísimo Patriarca.
¿Qué podría temer ahora, teniéndole por abogado?
Vengan las aflicciones, la orfandad,
la enfermedad, la miseria,
cuanto fuere del agrado de Dios,
que resignado me comportaré
en medio de los mayores infortunios,
porque José es mi refugio.
De las maquinaciones de mi enemigo
para perderme, de la lengua viperina,
del que injustamente me persiga,
del ladrón que me tienda el lazo para que caiga,
del asesino que levanta el brazo para herirme,
del aire corrupto, de la peste,
me salvará tu poderosa mano.
Porque Tú eres mi protector,
porque has abierto los brazos

para recibirme y salvarme;
porque vas a hacer de mí un hombre nuevo,
porque vas a ser mi guía
en el camino de las virtudes,
y porque en fin, rogarás a Dios por mí. Amén.

Oración a San Francisco de Asís

Señor, haz de mí conducto de tu Paz
para que allí donde haya odio,
pueda llevar amor.
Para que donde haya mal,
pueda llevar el espíritu del perdón.
Para que donde haya discordia,
pueda llevar la armonía.
Para que donde haya error,
pueda llevar la verdad.
Para que donde haya la duda,
pueda llevar la fe.
Para que donde haya desconsuelo,
pueda llevar la esperanza.
Para que donde haya tinieblas,
pueda llevar la luz.
Para que donde haya tristeza,
pueda llevar la alegría.
Señor, concédeme
que yo pueda consolar y no ser consolado.
Comprender y no ser comprendido.
Amar y no ser amado.

Porque para encontrarse
hay que olvidarse de sí mismo.
Perdonando seremos perdonados.
Al morir es cuando despertamos a la Vida Eterna.
Amén.

Oración a San Martín de Porres

¡Oh, glorioso San Martín de Porres!
Con el alma inundada
de serena confianza,
te invocamos.
Recordando tu inflamada caridad bienhechora
de todas las categorías sociales.
A ti, dulce y humilde corazón,
te presentamos nuestros deseos.
Derrama sobre las familias
los suaves dones de tu intercesión
solícita y generosa.
Abre a los pueblos de toda estirpe
y de todo color
el camino de la unidad y de la justicia.
Pide al Padre que está en los Cielos,
la venida de su Reino,
para que la humanidad
en recíproca benevolencia,
fundamentada en la hermandad por Cristo,
aumente los frutos de la gracia
y merezca el premio de la Gloria. Amén.

Oración a San Miguel Arcángel

San Miguel Arcángel,
defiéndenos de la lucha;
sé nuestro amparo contra la perversidad
y las asechanzas del demonio.
Que Dios manifieste sobre él su poder,
es nuestra humilde súplica.
Y tú, Príncipe de la Milicia Celestial,
con la fuerza que Dios te ha conferido,
arroja al infierno a Satanás
y a los demás espíritus malignos
que vagan por el mundo
para la perdición de las almas.
Amén.

Oración a San Felipe de Jesús

Santísima Trinidad:
Padre, Hijo y Espíritu Santo,
te doy gracias por las virtudes
con que lo adornaste en esta vida
y por la gloria que le diste en el Cielo.
Ya que tanto lo glorificaste,
concédeme, por su intercesión,
la gracia que hoy te pido.
Y tú, mi abogado y protector,
intercede por mí, alcanzándome
de la Divina Misericordia

la gracia que necesito.
Concédeme sobre todo
que un día en tu compañía
pueda alabar y dar gracias
a Dios por toda la eternidad.
Amén.

Oración a San Jorge

Defiéndenos en la lucha, sé nuestro amparo
contra la perversidad y las asechanzas del demonio.
Que Dios manifieste sobre él su Poder,
es nuestra humilde súplica. Amén.

Oración a San Pablo

Pablo va adelante,
yo voy en medio
y detrás de mí,
sígueme San Pedro,
y a mis costados
a San Lucas y a San Marcos
tengo apostados.
Los canes y los lobos
tengan cerradas sus fauces,
a morderme van preparadas,
y de enemigos sea resguardado en cada día
como lo fue por Cristo,
Santa María antes del parto y después

que dio al mundo su Fruto Santo,
quisiera al Paraíso poder entrar
con las almas benditas
que es gran contexto contemplar
a quien hizo el sol y el viento.
Un ensueño he tenido muy verdadero,
donde vi a Jesucristo
en un madero asaeteado
y de pies y de manos en él clavado.
De su Santa cabeza sangre brotaba,
que al correr por su rostro se coagulaba
y de sus labios, escuché,
perdonaba tantos agravios.
Lastimado y contrito
de tantas penas sufridas
por mis culpas y las ajenas,
perdón te pido
y prometo enmendarme arrepentido.
En cambio en tu clemencia
Dios de bondad,
detén a mi adversario en la maldad
y haz que su encono
se convierta en cariño que yo le abono.
Sea siempre en mi vida,
la Virgen Santa,
San Martín el Apóstol
y Santa Marta
y que la Cruz me sirva de estandarte.
Amén. Jesús.

Oración a San Marcos

Gloriosísimo,
morador bendito de la Ciudad Santa de Jerusalén;
te negaste enteramente a sus inclinaciones y apetitos,
y dejando burlados sus conatos,
supiste hermosear tu alma
con bellezas mejores de la gracia,
dichoso tú, mil veces,
que te hiciste agradable a los ojos de Dios.
Te suplico le digas a nuestro Señor
que estoy bajo tu protección
y que no alego otra cosa
que la Sangre de su Santísimo Hijo
derramada por mí. Amén.

Oración a San Judas Tadeo

¡Oh, glorioso Apóstol San Judas,
fiel servidor y amigo de Jesús,
el nombre del pérfido discípulo
que entregó a tu maestro
en manos de tus enemigos,
ha hecho que muchos te hayan olvidado,
pero la Iglesia te venera y te invoca
como Patrón de los casos desesperados.
Ruega por mí tan necesitado,
haz uso del privilegio a ti concedido
de prestar visible y pronta ayuda,

cuando esté de nada ni de nadie se espera.
Ven a mi ayuda en esta gran necesidad
para que pueda recibir
las consolaciones y socorros del Cielo
en todas mis necesidades,
tribulaciones y dolores, en particular…
Y pueda bendecir a Dios contigo
y con todos los elegidos en la Eternidad.
Te prometo, bienaventurado San Judas,
agradecerte para siempre este favor
y no cesar de honrarte
como especial y poderoso protector,
y hacer cuanto esté en mi poder
para fomentar la devoción a tu patrocinio. Amén.
¡San Judas Tadeo, ruega por nosotros!

Oración a San Agustín

¡Oh, dulcísimo Señor Jesucristo,
verdadero Dios y Hombre,
y que fuiste enviado por nuestro Padre Omnipotente
al mundo para salvar a los pecadores
y también para desatar
a los que estaban atados en las prisiones,
para congregar a los divididos,
para volver a los peregrinos a sus patrias,
para tener misericordia de los contritos de corazón
y consolar a los tristes y afligidos.
Dígnate, Dios y Señor mío, Jesucristo,

desatar y librar a este indigno servidor vuestro N…,
de la tribulación y aflicción en que está.
Tú, Señor, que con vuestra preciosísima Sangre
nos rescataste el Paraíso,
estableciendo la paz
entre los Ángeles y los hombres,
dígnate sellar esa misma paz
entre mis enemigos y yo;
que me perdonen como yo les perdono.
Bien sé, Señor, que soy indigno de tanta merced;
por eso acudo a la intercesión
del glorioso San Agustín.
Por sus méritos, ya que no por los míos,
accede a mi demanda.
Y Tú, glorioso Padre de la Iglesia,
no desdeñes en aceptar mi encargo.
Sé mi Protector en toda asechanza
Y sé mi Intercesor para con la Majestad Divina.
Amén.

Oración a San Ramón Nonato

Oh, Dios, te suplico, por tu gran Piedad,
oigas a tu afligida sierva que te llama;
y por méritos de San Ramón Nonato,
cuyo nacimiento fue milagroso,
me favorezcas en este parto;
y yo te ofrezco ser tu humilde esclava
y obrar siempre lo que te es grato. Amén.

Oración a la Divina Providencia

¡Oh, Divina Providencia!
¡Concédeme tu clemencia y tu infinita bondad!
Arrodillado a tus plantas,
a Ti caridad portento.
Te pido para los míos
casa, vestido y sustento.
Concédeles la salud,
llévalos por buen camino.
Que sea siempre la virtud
la que los guíe en su destino.
Tú eres toda mi esperanza.
Tú eres el consuelo mío.
En lo que a mi mente alcanza,
en Ti creo,
en Ti espero
y en Ti confío.
Tu Divina Providencia se extiende
a cada momento,
para que nunca nos falte casa,
vestido y sustento. Amén.

Oraciones de los días:

Lunes

Señor, una vez más estamos viviendo
una profunda intimidad.
Cada uno de nosotros siente su vida
maravillosamente invadida por tu vida.
Estamos viviendo ahora
la aventura de tu vida
en nuestra vida,
tu fuerza en nuestra debilidad,
tu vigor en nuestra impotencia.
Tu luz ha penetrado
en los caminos de mi ser.
Tú eres la luz para mi caminar.
Sé que sólo en tu luz, Señor,
podré construir bellamente mi vida.
Sé que Tú vives en la luz
y que nos has comunicado un poco de esa luz.
Pero, lamentablemente,
por nuestra parte todo es tinieblas.
Señor, los hombres parecen sentirse satisfechos
caminando en las tinieblas.
Parecen sentirse a gusto caminando a ciegas,
con una venda en los ojos.
No quieren ver.
Y éste también es mi pecado:
muchas veces, tampoco quiero ver.

Tengo miedo de que, examinando mi vida,
me vea obligado a cambiar.
Yo te suplico, Señor, abre mis ojos.
En este momento de sinceridad, estoy seguro,
Señor, estoy seguro de que quiero ver.
Deja que tu luz penetre
ahora en mis tinieblas.
Luz. Claridad. Resplandor.
Luz que ciega.
Transparente claridad.
Destello iluminador.
Yo quiero ver, Señor, quiero ver.
Amén.

Martes

Necesitamos de Ti,
de Ti solamente y de nadie más.
Solamente Tú,
que nos amas,
puedes sentir por todos nosotros
que sufrimos, la compasión
que cada uno siente
en relación consigo mismo.
Sólo Tú puedes medir qué grande,
que inconmensurablemente grande
es la necesidad que hay de Ti
en este mundo, en esta hora.
Todos necesitan de Ti,

también aquéllos que no lo saben,
y éstos necesitan bastante más
que los que lo saben.
El hambriento piensa que debe buscar pan
y, mientras tanto, tiene hambre de Ti.
El sediento juzga necesitar agua,
mientras siente sed de Ti.
El enfermo se ilusiona en desear salud;
su verdadero mal, sin embargo,
es la ausencia de Ti.
Quien busca la belleza del mundo,
sin darse cuenta,
te busca a Ti,
que eres la belleza plena.
El que en sus pensamientos
busca la verdad,
sin darse cuenta, te desea a Ti,
que eres la única verdad
digna de ser conocida.
El que se esfuerza por conseguir la paz,
está buscándote a Ti,
única Paz donde pueden descansar
los corazones inquietos.
Ellos te llaman
sin saber que te llaman
y su grito es, misteriosamente,
más doloroso que el nuestro.
Te necesitamos. Ven, Señor.
Amén.

Miércoles

Felices los que no te vieron y creyeron en Ti.
Felices los que no contemplaron tu semblante
y confesaron tu divinidad.
Felices los que,
al leer el Evangelio,
reconocieron en Ti
a Aquél que esperaban.
Felices los que, en tus Enviados,
divisaron tu divina presencia.
Felices los que,
en el secreto de su corazón,
escucharon tu voz y respondieron.
Felices los que,
animados por el deseo de palpar a Dios,
te encontraron en el misterio.
Felices los que,
en los momentos de oscuridad,
se adhirieron más fuertemente a tu luz.
Felices los que,
desconcertados por la prueba,
mantienen su confianza en Ti.
Felices los que,
bajo la impresión de tu ausencia,
continúan creyendo en tu proximidad.
Felices los que,
no habiéndote visto,
viven la firme esperanza de verte un día. Amén.

Jueves

Señor, una vez más estoy delante de tu misterio.
Estoy constantemente envuelto en tu Presencia,
que tantas veces se torna en ausencia.
Busco tu Presencia en la ausencia de tu Presencia.
Echando una mirada al inmenso mundo
de la Tierra de los hombres,
tengo la impresión de que muchos ya no esperan en Ti.
Yo mismo hago mis planes,
trazo mis metas y pongo las piedras de un edificio
del cual el único arquitecto parezco ser yo mismo.
Hoy día los hombres somos, muchas veces,
unas criaturas que nos constituímos
en esperanza de nosotros mismos.
Dame, Señor, la convicción más profunda
de que estaré destruyendo mi futuro
siempre que la esperanza en Ti, no estuviere presente.
Haz que comprenda profundamente que,
a pesar del caos de cosas que me rodea,
a pesar de las noches que atravieso,
a pesar del cansancio de mis días,
mi futuro está en tus manos;
y que la tierra que me muestras
en el horizonte de mi mañana será más bella y mejor.
Deposito en tu Misterio mis pasos
y mis días, porque sé que tu Hijo y mi Hermano
venció la desesperanza y garantizó un futuro nuevo,
porque pasó de la muerte a la vida. Amén.

Viernes

Llegaste a mí,
humilde y discretamente,
para ofrecerme tu amistad.
Me elevaste a tu nivel,
bajándote Tú al mío,
y deseas un trato familiar,
pleno de abandono.
Permaneces en mí misteriosamente,
como un amigo siempre presente,
dándoseme siempre
y colmando por completo
todas mis aspiraciones.
Al entregártenos,
poseemos contigo toda la creación,
pues, todo el universo te pertenece.
Para que nuestra amistad sea perfecta,
Tú me asocias a tus sufrimientos y alegrías,
compartes conmigo tus esperanzas,
tus proyectos, tu vida.
Me invitas a colaborar en tu obra redentora,
a trabajar contigo con todas mis fuerzas.
Quieres que nuestra amistad
sea fecunda y productiva,
para mí mismo y para los demás.
Dios amigo del hombre,
que nunca falla en su fidelidad
y nunca se rehusa a sí mismo.

Al ofrecimiento de tan magnífica amistad,
quisiera corresponder
como Tú lo esperas y mereces,
procediendo siempre como tu amigo.
Amén.

Sábado

¿Quién podría participar dignamente
en este sacrificio,
si Tú, Señor, Dios Omnipotente, no lo hiciera digno?
Sé, Señor, y lo sé con certeza
y lo confieso ante tu misericordia,
que no soy digno de acercarme a tan gran misterio,
porque son muchos mis pecados
e incontables mis negligencias.
Pero sé, y lo creo verdaderamente
con todo mi corazón
y lo confieso con mis labios,
que Tú puedes hacerme digno,
ya puedes hacer limpio
lo que procede de semilla inmunda,
y hacer de los pecadores justos y santos.
Por este tu infinito poder,
te ruego, Dios mío,
que me concedas a mí, pecador,
participar en este sacrificio con temor,
con pureza de corazón y alma contrita,
Creador amigo de la criatura,

Santo amigo del pecador
Eres el amigo ideal,
con alegría espiritual y gozo del Cielo.
Haz que mi mente sienta la dulzura
de tu beatísima Presencia,
y que el Coro de tus Ángeles
permanezca a mi alrededor.
Amén.

Domingo

Para cantarte, mi Señor Jesús,
¡cómo me gustaría tener ojos de águila,
corazón de niño
y una lengua bruñida por el silencio!
Toca mi corazón, Señor Jesucristo;
tócalo y verás como despiertan
los sueños enterrados en las raíces humanas
desde el principio del mundo.
Todas nuestras voces se agolpan a tus puertas.
Todas nuestras olas mueren en tus playas.
Todos nuestros vientos duermen en tus horizontes.
Los deseos más recónditos, sin saberlo,
te reclaman y te invocan.
Los anhelos más profundos te buscan
impacientemente.
Eres Noche estrellada,
Música de diamantes,
Vértice del universo,

Fuego de pedernal.
Allí donde posas tu planta llagada,
allí el planeta arde en sangre y oro.
Caminas sobre las corrientes sonoras
y por las cumbres nevadas.
Suspiras en los bosques seculares.
Sonríes en el mirto y la retama.
Por toda la amplitud del universo mineral y vegetal
te siento nacer, crecer, vivir, reír, hablar.
Eres el pulso del mundo, mi Señor Jesucristo.
Eres Aquél que siempre está viniendo
desde las lejanas galaxias,
desde el centro ígneo de la Tierra
y desde el fondo del tiempo.
En tu fuente resplandece el destino del mundo
y en tu corazón se concentra el fuego de los siglos.
Deslumbrado mi corazón ante tanta maravilla,
me inclino para decirte:
Tú serás el Rey de mis territorios.
Para Ti será el fuego de mi sangre.
Tú serás mi camino y mi luz, la causa de mi alegría,
la razón de mi existir
y el sentido de mi vida,
mi brújula y mi horizonte,
mi ideal, mi plenitud y mi consumación.
Fuera de Ti no hay nada para mí.
Para Ti será mi última canción.
¡Gloria y honor por siempre a Ti, Rey de los siglos!
Amén.

Oración por la mañana al despertar

Gracias te doy,
¡oh, Dios mío!
Que me has dejado ver la luz del día de hoy
y poder gozar de esa infinidad de maravillas
que la magnificencia de tu Poder infinito
ha derramado con tanta profusión
sobre los Cielos y la Tierra.
Tú eres el solo Santo,
el solo Sabio,
el Dios Omnipotente y Eterno,
la bondad suma,
fuente de la piedad y la misericordia,
y el absoluto dueño de todo lo creado.
A Ti te amo, Señor,
te alabo, te adoro, te bendigo
y te doy infinitas gracias
por los innumerables beneficios
que he recibido de tu santísima mano.
Me propongo en cambio
ser obediente a tu Santa Ley
y no hacer algo que pueda ofenderte.
A Ti acudo,
¡oh, Piadosísima Virgen María!
Para que me ayudes a cumplir este propósito
y guíes mis pasos en este día,
a fin de no hacer algo que pueda desagradar
a tu Divina Majestad. Amén.

Salmo 5

Presta oído a mis palabras, Señor;
atiende a mi gemido.
Advierte a la voz de mi oración,
¡Rey mío y Dios mío!
Pues a Ti me encomiendo,
Señor,
de mañana oyes mi voz;
de mañana te presento mis plegarias, y espero,
porque no eres Tú,
Dios a quien agrade la maldad;
el maligno no mora en tu casa,
ni los impíos comparecen delante de Ti,
aborreces a todos los que perpetran crímenes;
destruyes a todos los que perpetran crímenes;
destruyes a todos los que hablan mentira,
al varón sanguinario y artero
lo abomina el Señor.
Mas yo por la magnificencia de tu gracia,
penetré en tu casa,
me prosternaré ante tu Santo Templo
en tu temor,
Señor.
Guíame en tu Justicia,
por causa de mis enemigos,
guíame en tu Justicia,
por causa de mis enemigos,
allana tu camino delante de mí.

Plegaria para la noche

Padre mío,
ahora que las voces se silenciaron
y los clamores se apagaron,
aquí al pie de la cama
mi alma se eleva hacia Ti para decirte:
Creo en Ti, espero en Ti,
te amo con todas mis fuerzas.
Gloria a Ti, Señor.
Deposito en tus manos
la fatiga y la lucha,
las alegrías y desencantos
de este día que quedó atrás.
Si los nervios me traicionaron,
si los impulsos egoístas me dominaron,
si di entrada al rencor o a la tristeza,
¡perdón, Señor!
Ten piedad de mí.
Si he sido infiel,
si pronuncié palabras vanas,
si me dejé llevar por la impaciencia,
si fui espina para alguien,
¡perdón, Señor!
No quiero esta noche entregarme al sueño
sin sentir sobre mi alma
la seguridad de tu misericordia,
tu dulce misericordia.
Te doy gracias, Padre mío,

porque has sido la sombra fresca
que me ha cobijado durante todo este día.
Te doy gracias porque,
invisible, cariñoso, envolvente,
me has cuidado como una madre,
a lo largo de estas horas.
Señor, a mi derredor
ya todo es silencio y calma.
Envía el Ángel de la Paz a esta casa.
Relaja mis nervios,
sosiega mi espíritu,
suelta mis tensiones,
inunda mi ser de silencio y serenidad.
Vela sobre mí, Padre querido,
mientras me entrego confiado al sueño,
como un niño que duerme feliz en tus brazos.
En tu nombre, Señor,
descansaré tranquilo.
Así sea.

Gratitud

Aunque nuestra boca estuviera
llena de canto
como el mar;
y nuestra lengua de júbilo
como el bramido de sus olas;
y nuestros labios, de alabanza
como la amplitud del firmamento;
y nuestros ojos resplandeciesen
como el sol y la luna;
y nuestros brazos se extendiesen
como las águilas en los espacios;
y nuestros pies fuesen ligeros
como los de los ciervos…
No alcanzaríamos a agradecerte, Adonai,
Dios nuestro y Dios de nuestros padres,
y a bendecir tu Nombre ni una infinitésima parte,
por los beneficios que hiciste a nuestros padres
y a nosotros. Amén.

Paz

¡Señor!
¡Colma de esperanza mi corazón
y de dulzura mis labios!
Pon en mis ojos
la luz que acaricia y purifica,
en mis manos

el gesto que perdona.
Dame valor para la lucha,
compasión para las injurias,
misericordia para la ingratitud
y la injusticia.
Líbrame de la envidia
y de la ambición mezquina,
del odio y de la venganza.
Y que, al volver hoy
nuevamente al calor de mi lecho,
pueda, en lo más íntimo de mi ser,
sentirte a Ti presente.
Amén.

Paciencia

Hijo, si emprendes en serio el camino de Dios,
prepara tu alma para las pruebas que vendrán;
siéntate pacientemente ante el umbral de su puerta
aceptando con paz los silencios,
ausencias y tardanzas a las que Él quiera someterte,
porque es en el crisol del fuego
donde se purifica el oro.
Señor Jesús, desde que pasaste por este mundo
teniendo la paciencia como vestidura y distintivo,
es ella la reina de las virtudes
y la perla más preciosa de tu corona.
Dame la gracia de aceptar con paz
la esencial gratitud de Dios,

el camino desconcertante de la Gracia
y las emergencias imprevisibles de la naturaleza.
Acepto con paz
la marcha lenta y zigzagueante de la oración
y el hecho de que el camino para la santidad
sea tan largo y difícil.
Acepto con paz las contrariedades de la vida
y las incomprensiones de mis hermanos,
las enfermedades y la misma muerte,
y la ley de la insignificancia humana, es decir:
que, después de mi muerte,
todo seguirá igual como si nada hubiese sucedido.
Acepto con paz
el hecho de querer tanto y poder tan poco,
y que, con grandes esfuerzos,
he de conseguir pequeños resultados.
Acepto con paz la ley del pecado, esto es:
hago lo que no quiero
y dejo de hacer aquello que me gustaría hacer.
Dejo con paz en tus manos
lo que debiera haber sido y no fui
lo que debiera haber hecho y no hice.
Acepto con paz toda impotencia humana
que me circunda y me limita.
Acepto con paz las leyes de la precariedad
y de la transitoriedad,
la ley de la mediocridad y del fracaso,
la ley de la soledad y de la muerte.
A cambio de toda esta entrega, dame la paz, Señor.

La gracia de la humildad

Señor Jesús, manso y humilde.
Desde el polvo me sube y me domina
esta sed insaciable de estima,
esta apremiante necesidad de que todos me quieran.
Mi corazón está amasado de delirios imposibles.
Necesito redención. Misericordia, Dios mío.
No acierto a perdonar,
al rencor que me quema,
las críticas me lastiman,
los fracasos me hunden,
las rivalidades me asustan.
Mi corazón es soberbio.
Dame la gracia de la humildad,
No sé de donde me vienen
estos locos deseos de imponer mi voluntad,
eliminar al rival,
dar curso a la venganza.
Hago lo que no quiero.
Ten piedad, Señor,
y dame la gracia de la humildad.
Gruesas cadenas amarran mi corazón:
este corazón echa raíces,
sujeta y apropia cuanto soy y hago,
y cuanto me rodea.
Y de esas apropiaciones
me nace tanto susto y tanto miedo.
¡Infeliz de mí, propietario de mí mismo!

¿Quién romperá mis cadenas?
Tu gracia, mi Señor pobre y humilde.
Dame la gracia de la humildad.
La gracia de perdonar de corazón.
La gracia de aceptar la crítica y la contradicción,
o, al menos de dudar de mí mismo
cuando me corrijan.
Dame la gracia
de hacer tranquilamente la autocrítica.
La gracia de mantenerme sereno
en los desprecios, olvidos e indiferencias;
de sentirme verdaderamente feliz en el anonimato;
de no fomentar autosatisfacciones
en los sentimientos, palabras y hechos.
Abre, Señor, espacios libres dentro de mí
para que los puedas ocupar Tú y mis hermanos.
En fin, mi Señor Jesucristo;
dame la gracia de ir adquiriendo paulatinamente
un corazón desprendido y vacío como el tuyo;
un corazón manso, paciente y benigno.
Cristo Jesús, manso y humilde de corazón,
haz mi corazón semejante al tuyo. Así sea.

La gracia de respetarnos

Jesucristo, Señor y Hermano nuestro.
Pon un candado a la puerta de nuestro corazón
para no pensar mal de nadie,
no prejuzgar, no sentir mal,
para no suponer ni interpretar mal,
para no invadir el santuario
sagrado de las intenciones.
Señor Jesús, lazo unificante de nuestra fraternidad.
Pon un sello de silencio en nuestra boca
para cerrar el paso a toda murmuración
o comentario desfavorable,
para guardar celosamente hasta la sepultura
las confidencias que recibimos
o las irregularidades que observamos,
sabiendo que la primera y concreta manera de amar
es guardar silencio.
Siembra en nuestras entrañas
fibras de delicadeza.
Danos un espíritu de alta cortesía
para reverenciarnos unos a otros
como lo haríamos contigo mismo.
Y danos, al mismo tiempo,
exacta sabiduría
para enlazar convenientemente esa cortesía
con la confianza fraterna.
Señor Jesucristo, danos la gracia de respetarnos.
Así sea.

Generosidad

Señor, enséñame a ser generoso,
a dar sin calcular, a devolver bien por mal,
a servir sin esperar recompensa,
a acercarme al que menos me agrada,
a hacer el bien al que nada puede retribuirme,
a amar siempre gratuitamente,
a trabajar sin preocuparme del reposo.
Y, al no tener otra cosa que dar,
a donarme en todo y cada vez más
a aquél que necesita de mí,
esperando sólo de Ti la recompensa.
O mejor: esperando que Tú mismo
seas mi recompensa. Amén.

Solidaridad

Cristo Jesús,
fuiste Tú el primer solidario.
Renunciando a los esplendores de la Divinidad,
te hiciste solidario del hombre,
pobre peregrino con su soledad a cuestas,
participando en la caravana de la existencia humana
hasta las últimas consecuencias.
Haz de mí un ser solidario
para poder caminar junto al inválido,
dar la mano al ciego,
asistir a los que mueren

abandonados en los hospitales,
enseñar a leer y escribir a los analfabetos,
ofrecer un rincón de la casa
a los expulsados de su casa
por no haber podido pagar el precio del alquiler,
prestar ayuda al que se encuentra
en una emergencia extrema,
protestar por los que han sido torturados
o los que fueron inmolados
por defender a los oprimidos,
quitar el pan de la boca para dárselo al hambriento
que se muere en el camino,
participar en el funeral de los muertos
por accidente en las fábricas, en los andamios,
en cualquier campo de trabajo,
o los que cayeron en la calle
acribillados por agentes de la represión,
ponerme en la mira de la policía
por haber alzado la voz a favor de los oprimidos,
formar fila en la gran marcha de los que luchan
por los derechos humanos,
por la unión de los trabajadores,
por mejores salarios,
por la promoción de la sensibilidad fraterna,
de la justicia y de la paz.
Todos estos se sentarán a tu derecha, Señor,
nimbados con la aureola de las bienaventuranzas:
los perseguidos por la justicia
y los que trabajaron por la paz. Amén.

Para servir

Oh, Cristo,
para poder servirte mejor
dame un noble corazón.
Un corazón fuerte
para aspirar por los altos ideales
y no por opciones mediocres.
Un corazón generoso en el trabajo,
viendo en él no una imposición
sino una misión que me confías.
Un corazón grande en el sufrimiento,
siendo valiente soldado ante mi propia cruz
y sensible cireneo para la cruz de los demás.
Un corazón grande con el mundo,
siendo comprensivo con sus fragilidades
pero inmune a sus máximas y seducciones.
Un corazón grande con los hombres,
leal y atento para con todos
pero especialmente servicial y delicado
a los pequeños y humildes.
Un corazón
nunca centrado sobre mí,
siempre apoyado en Ti,
feliz de servirte
y servir a mis hermanos,
¡oh, mi Señor!,
todos los días de mi vida.
Amén.

Transfiguración

Señor, una vez más estamos juntos.
Juntos estamos Tú y yo, Tú y mis hermanos.
Tu vida ha penetrado en mi vida.
Mi historia es tan banal, tan vacía, tan mediocre.
Y ni siquiera tengo historia.
A veces, hasta me pregunto si mi vida tiene sentido.
¡Tanto vacío, tanta complicación, tanta infidelidad!
Pero cuando estoy contigo es como si el entusiasmo,
el ánimo, renacieran, vivieran.
Y hoy he visto con mis hermanos, con Pedro,
Santiago y Juan, tu semblante transfigurado,
iluminado, resplandeciente.
Tú, Señor Jesús, Tú eres el Dios de toda luz
Tú, el Dios de toda claridad y belleza.
Es bueno estar a tu lado, es bueno convivir contigo.
Pero, mejor aún, Señor, mejor aún
es tener la certeza de que estás conmigo en la vida,
por tu gracia, por tu amor.
Es bueno estar seguro de que también mi rostro
ha de ser un rostro transfigurado,
iluminado, resplandeciente,
en la medida en que Tú
también me vas transformando.
Libremente, alegremente, jubilosamente te suplico,
que yo me vaya identificando cada vez más contigo,
hasta el punto de poder decir con los apóstoles:
"¡Qué bien estamos aquí, Señor!"

La Fe

Soy la hermana mayor
de la Esperanza y de la Caridad.
Me llamo Fe.
Soy grande y fuerte.
El que me posee no teme al hierro ni al fuego,
soy a prueba de todos los sufrimientos,
físicos y morales.
Resplandezco sobre vosotros
como una antorcha, que refleja su luz
en el fondo de vuestros corazones.
Os comunico la fuerza y la vida.
Se dice que yo levanto las montañas,
y yo os digo:
Vengo a conmover al mundo,
uníos pues a mí, yo os convido; soy la Fe.
¡Soy la Fe!
Habito con la Esperanza,
la Caridad y el Amor.
A menudo he bajado de las regiones etéreas
y he venido sobre la Tierra a regeneraos,
y sólo he encontrado entre los hombres
indiferencia y frialdad;
y he vuelto a remontar, tristemente,
mi vuelo hacia el Cielo…
me creías entre vosotros, no es la Fe,
la verdadera Fe
es la vida y la acción.

Se me reconoce por mis actos.
Ilumino las inteligencias,
caliento y reanimo los corazones en mi regazo,
alejo de vosotros
las influencias engañosas
y os conduzco a Dios
por la perfección del espíritu y del corazón.
¡Venid y agrupaos bajo mi estandarte,
soy poderosa y fuerte, soy la Fe!
¡Soy la Fe!
Mi reinado empieza entre los hombres,
reinado pacífico que les hará felices
para el tiempo presente,
para la eternidad.
¡Venid pronto
y agrupaos bajo mi estandarte,
soy poderosa y fuerte, soy la Fe!

Un hogar feliz

Señor Jesús, Tú viviste en una familia feliz.
Haz de esta casa una morada de tu presencia,
un hogar cálido y dichoso.
Venga la tranquilidad a todos sus miembros,
la serenidad a nuestros nervios,
el control a nuestras lenguas,
la salud a nuestros cuerpos.
Que los hijos sean y se sientan amados y se alejen
de ellos para siempre la ingratitud y el egoísmo.
Inunda, Señor, el corazón de los padres
de paciencia y comprensión,
y de una generosidad sin límites.
Extiende, Señor Dios, un toldo de amor
para cobijar y refrescar, calentar y madurar
a todos los hijos de la casa.
Danos el pan de cada día y aleja de nuestra casa
el afán de exhibir, brillar y aparecer;
líbranos de las vanidades mundanas
y de las ambiciones que inquietan y roban la paz.
Que la alegría brille en los ojos,
la confianza abra todas las puertas,
la dicha resplandezca como un sol;
sea la paz la reina de este hogar
y la unidad su sólido entramado.
Te lo pedimos a Ti
que fuiste un hijo feliz en el hogar de Nazaret
junto a María y José. Amén.

Unidad en el matrimonio

Señor,
y sucedió una vez que sobre la Tierra
desnuda y virgen, brotó de improviso
una flor hecha de nieve y fuego.
Fue llama que extendió un puente de oro
entre las dos riberas,
guirnalda que engarzó para siempre
nuestras vidas y nuestros destinos.
Señor, Señor,
fue el amor con sus prodigios,
ríos, esmeraldas e ilusiones.
¡Gloria a Ti, horno incandescente de amor!
Pasó el tiempo,
y en el confuso esplendor de los años
la guirnalda perdió frescor,
y la escarcha envolvió a la llama
por sus cuatro costados.
La rutina, sombra maldita,
fue invadiendo, sin darnos cuenta,
y penetrando todos los tejidos de la vida.
Y el amor comenzó a invernar.
Señor, Señor, fuente de amor,
dobladas las rodillas, desgranamos ante Ti
nuestra ardiente súplica:
Sé Tú en nuestra casa lámpara y fuego,
pan, piedra y rocío,
viga maestra y columna vertebral.

Restaña las heridas cada noche
y renazca el amor cada mañana
como fresca primavera.
Sin Ti nuestros sueños rodarán por la pendiente.
Sé Tú para nosotros escarlata de fidelidad,
espuma de alegría y garantía de estabilidad.
Mantén, Señor, alta como las estrellas,
en nuestro hogar la llama roja del amor
y la unidad, como río caudaloso,
recorra e irrigue nuestras arterias
por los días de los días.
Sé Tú, Señor Dios,
el lazo de oro que mantenga nuestras vidas
incorruptiblemente entrelazadas
hasta la frontera final y más allá.
Así sea.

Ha nacido un nuevo hijo

Llegó, y la casa se llenó de fragancia.
Parece primavera.
En Ti, Padre Santo,
hontanar de toda paternidad,
en Ti están todas nuestras fuentes.
Nos has enviado un regalo
deseado y soñado:
un niño ha llegado
al banquete de la fiesta.
¡Sea bienvenido!
¿Con qué palabras te daremos gracias,
Señor de la vida, con qué palabras?
Gracias por sus ojos y sus manos,
gracias por sus pies y su piel,
gracias por su cuerpo y su alma.
En tus manos de ternura lo depositamos
para que lo cuides y lo mimes
y lo llenes de dulzura.
Padre Santo y querido,
pon un ángel a su lado
para que cierre el paso
a la enfermedad y todo mal,
y lo guíe por el sendero
de salud y bienestar.
El bien, la paz y la bendición
lo acompañen por todos los días de su vida.
Amén.

Estás con nosotros

Estás con nosotros todos los días
hasta el fin del mundo.
Estás con nosotros, Omnipotencia Divina,
con nuestra fragilidad.
Estás con nosotros, amor infinito,
que nos acompañas en todos nuestros pasos.
Estás con nosotros, protección soberana
y garantía de éxito en las tentaciones.
Estás con nosotros, energía que sostiene
nuestra vacilante generosidad.
Estás con nosotros,
en nuestras luchas y fracasos,
en nuestras dificultades y pruebas.
Estás con nosotros,
en nuestras decepciones y ansiedades
para devolvernos el coraje.
Estás con nosotros en las tristezas
para comunicarnos el entusiasmo de tu alegría.
Estás con nosotros en la soledad
como compañero que nunca falla.
Estás con nosotros,
en nuestra misión apostólica
para guiarnos y sostenernos.
Estás con nosotros,
para conducirnos al Padre
por el camino de la sabiduría
y de la eternidad. Amén.

Para pedir por los hijos

Tú eres, Dios mío, el Creador,
el verdadero Padre de mis hijos.
Tuyos son, porque me los has dado y conservado;
Tú eres el que ha infundido en ellos el alma y la
vida.
Te los ofrezco juntamente conmigo,
bendícelos, Señor,
mientras yo en tu Nombre los bendigo.
Me someto de todo corazón a todas las disposiciones
de tu paternal providencia respecto de mí y de ellos.
Contando, Señor, con tu Palabra,
quiero buscar para ellos y para mí,
primeramente tu Reino y tu Justicia,
dejándonos el cuidado de darnos,
por añadidura, lo que te plazca;
pero si me atreviese a determinar algo
para su vida temporal,
te suplicaría no les des ni riqueza ni pobreza,
sin un decente modesto bienestar.
Concédeles, Señor y Dios mío,
la verdadera sabiduría y un corazón dócil,
imprime en sus almas el horror al pecado,
aléjalos del mal,
presérvalos del contagio del mundo,
fórmalos según los preceptos
de nuestro Santo Evangelio;
inspírales sentimientos cristianos,

dales la sencillez y sinceridad a nuestros hijos
y llénalos de nuestro amor.
No permitas, Señor, que yo contradiga jamás,
por negligencia, por consejos imprudentes
o por malos ejemplos,
los ruegos que te dirijo para mis hijos.
Haz que encuentren en mí el modelo y ejemplo
de las enseñanzas que trate de inculcarles.
Dame, para dirigirles, indulgencia sin debilidad,
firmeza sin terquedad ni aspereza,
y la paciencia evangélica
para no airarme ni desalentarme.
Dígnate, Dios mío,
ponerlos bajo el amparo de nuestra querida Madre
y de su castísimo esposo San José,
para que guarden inmaculado
el lirio de la pureza que tanto te agrada.
¡Oh, Padre Santo, que me los has confiado
como un depósito sagrado.
del que habré de darte rigurosa cuenta!
Dígnate regular y dirigir mi afecto hacia ellos,
y ayúdame a inspirarles constantemente
tu santo temor y amor,
a fin de que sean admitidos un día
en la morada del Cielo.
Te lo pido por los méritos
de tu amantísimo Hijo Jesús
y por la intercesión de su Santísima Madre.
Amén.

Oración para dar fuerza a los hijos

Señor, ayúdame a no hacer por mis hijos,
lo que ellos puedan hacer por sí mismos.
Ayúdame a no darles lo que ellos
puedan ganarse por sí mismos.
Ayúdame a lograr que crezcan firmes
sobre sus propios pies,
y que se conviertan en adultos responsables,
disciplinados y honestos. Amén.

Para bendecir a los padres

Bendice a mis padres, Señor.
Gracias por la vida que a través de ellos me diste.
Gracias por su enseñanza, por su ejemplo
y por su amor incondicional.
Guía su camino y hazles una vida fácil y placentera.
Enséñame a demostrarles mi amor
y a ser un apoyo firme en los días de ancianidad.
En tus manos los dejo, Señor.

Oración por las madres

Oh, Dios,
te ofrecemos alabanza y bendición,
por las dulces tareas de la maternidad
en la vida humana.
Te bendecimos por nuestras propias madres

que construyeron nuestras vidas con su ejemplo;
que nos trajeron al mundo con dolor
y nos amaron más por ello;
que nos alimentaron con su seno
y que nos arrullaron para dormir
en la suave seguridad de sus brazos.
Te damos gracias
por su amor
que no se cansa nunca,
por sus oraciones sin palabras,
por la agonía
con que nos siguieron
a través de nuestros pecados
y porque nos hicieron volver al buen camino
con el poder del sacrificio y redención
que recibieron de Ti.
Te rogamos que nos perdones
si en nuestro atolondrado egoísmo
aceptamos su amor
como nuestro derecho
sin devolverles la ternura que ellas nos piden
como única recompensa.
Y si poseemos aún el gran tesoro
que es la vida de nuestras madres,
concédenos
que la cuidemos en su ancianidad,
en la misma forma
en que ellas cuidaron de nosotros
cuando éramos débiles. Amén.

Súplica en la enfermedad

A Ti, Señor que pasaste por este mundo
sanando toda dolencia y toda enfermedad,
levanto mis gritos y gemidos,
yo, pobre árbol azotado por el dolor.
Hijo de David,
ten compasión de mí.
Una fiera llevo clavada en lo más recóndito
de esta parte del cuerpo y nadie descubre su figura.
Ten piedad de mí, Señor.
Dios mío, cada mañana me levanto cansado;
mis ojos enrojecen de tanto insomnio.
Con frecuencia me siento pesado
como un saco de arena…
Pero sobre todo, el miedo Señor,
tengo mucho miedo.
El miedo, como un vestido mojado,
se me pega al alma.
¿Podré cantar luego el Aleluya de los que se salvan?
¿Cuándo llegará mi hora?
¿Cuándo podré narrar, también yo, tus maravillas?
Hijo de David, ten piedad de mí,
Tú que eres mi única esperanza.
Lo que me falta ante todo es Paz,
mi Señor Jesucristo.
La angustia, sombra oscura hecha de soledad,
miedo e incertidumbre, la angustia me asalta a ratos
y a veces me domina por completo.

Necesito paz, Señor Jesús,
esa paz que sólo Tú la puedes dar.
Dame esa paz hecha de consolación,
esa paz que es fruto de un abandono confiado.
Dejo, pues, mi salud en manos de la medicina
y haré de mi parte todo lo posible
para recuperar la salud.
Lo restante, lo dejo en tus manos.
A partir de este momento suelto los remos,
y dejo mi barca a la deriva de las corrientes divinas.
Llévame a donde quieras, Señor.
Dame salud y vida larga,
pero no se haga lo que yo quiero
sino lo que quieras Tú.
Sé que esta noche me consolarás.
Lléname de tu serenidad, y eso me basta.
Así sea.

Réquiem para un ser querido

Silencio y paz.
Fue llevado al país de la vida.
¿Para qué hacer preguntas?
Su morada, desde ahora, es el Descanso,
y su vestido la Luz. Para siempre.
Silencio y paz. ¿Qué sabemos nosotros?
Dios mío, Señor de la historia
y dueño del ayer y del mañana,
en tus manos están las llaves
de la vida y de la muerte.
Sin preguntarnos, lo llevaste contigo
a la Morada Santa y nosotros
cerramos nuestros ojos, bajamos la frente
y simplemente te decimos: Está bien. Sea.
Silencio y paz.
La música fue sumergida en las aguas profundas
y todas las nostalgias
gravitan sobre las llanuras infinitas.
Se acabó el combate.
Ya no habrá para él lágrimas, ni llanto ni sobresaltos.
El sol brillará por siempre sobre su frente y una paz
intangible asegurará definitivamente sus fronteras.
Señor de la vida y dueño de nuestros destinos,
en tus manos depositamos silenciosamente
este ser entrañable que se nos fue.
Mientras aquí abajo entregamos a la tierra
sus despojos transitorios,

duerma su alma inmortal para siempre en la Paz
Eterna, en tu sueño insondable y amoroso,
oh, Padre de misericordia.
Silencio y paz.

Para tener éxito en las labores cotidianas

Tú eres, oh, Señor, el foco de luz,
el faro luminoso a donde camina mi alma.
Yo soy una mariposa fugaz
que revolotea hacia tu Luz eterna
y al fin caigo abrazado en tu esencia divina.
Tu Luz llega a mí e inunda todo mi ser,
al igual que la luz del foco
ciega en su abrazo amoroso a la mariposa multiforme.
Dios mío, esa luz brillante que de Ti recibo
crea en mí un fuego de amor tan hermoso
que me inunda de una gratitud sublime.
Hoy, Dios mío, miles y miles de seres al igual que
yo, habrán de marchar a múltiples quehaceres
para ganar el sustento de cada día.
El maestro irá a iluminar la sabiduría
del cerebro de sus niños y tus niños.
Maestro de todos:
La enfermera cumplirá su sacerdocio
al lado de su enfermo.
La obrera irá al taller a hilvanar
con el sudor de su frente la ropa de su hijo
y a amasar la harina para el sustento
de sus seres del alma;
el obrero, el conductor, el agricultor y el comerciante.
Todos partimos a nuestras labores
con el pensamiento puesto en nuestros hijos,
padres o hermanos, y nuestra fe cristiana y pura

puesta en tu infinita misericordia
y en tu gran sabiduría, Señor.
Danos la habilidad necesaria para conseguir
con nuestro esfuerzo, el sustento para nuestro hogar,
teniendo únicamente la honradez,
la rectitud, la armonía y el esmero
como divisa de nuestras acciones.
Que con la salud de nuestros cuerpos
y la claridad de nuestras mentes,
seamos nosotros mismos
los que podamos llevar el alimento a nuestros hogares
y podamos repartir abundante felicidad
entre nuestros seres amados.
No nos faltes, Señor, no nos faltes;
acompaña a cada ser en su camino al trabajo.
Ven en el día de hoy a mi lado para que
con el esfuerzo de todos se cumpla Tu voluntad
aquí en la Tierra como en los Cielos. Amén.

La gracia del trabajo

Desde pequeño, Señor Jesús, en un taller de artesano
ganaste el pan con el sudor de tu frente.
Desde entonces el trabajo adquirió
una alcurnia noble y divina.
Por el trabajo nos convertimos en compañeros
y colaboradores de Dios
y en artífices de nuestra historia.
El trabajo es el yunque

donde forja el hombre su madurez y grandeza,
la harina con que amasa el pan de cada día.
Lo material, al pasar por las manos del hombre,
se transforma en vehículo de amor.
Hazme comprender, Señor,
cuánto amor entregan los que confeccionan abrigos,
siembran el trigo, barren las calles, construyen las
casas, arreglan las averías, escuchan los problemas
o simplemente estudian para el trabajo
y servicio del mañana.
Danos, Señor,
la gracia de ofrecerte el trabajo cotidiano como un
gesto litúrgico,
como una misa viviente
para tu gloria y el servicio de los hermanos.
Amén.

Oración para agradecer los sagrados alimentos

Gracias, Señor, por los alimentos que nos brindas,
ayúdanos a saborear la dulzura de Tu presencia.
Gracias, Señor, por estar presente en nuestra mesa,
ayúdanos a compartir Tu Divina Providencia.
Gracias, Señor, porque hoy todo está cubierto,
ayúdanos a valorar este preciado momento.
Dios es el alimento de nuestra alma.
Dios es el alimento de nuestra mente.
Dios es el alimento de nuestro cuerpo.
Ésta es una gran razón para siempre estar contento.

Ofrenda

Padre, yo te adoro,
yo te ofrezco mi alma y mi vida.
¡Cómo te amo!
Jesucristo…
Espíritu Santo…
Trinidad Santa…

Oración para lograr la abundancia

En la presencia del Señor nada me falta.
Él es mi fuente de amor y de abundancia.
En la presencia del Señor nada me falta.
Él es el fruto que aparece con constancia.
En la presencia del Señor nada me falta.
Él es la flor que me rodea con su fragancia.
Yo soy abundancia.
Yo soy abundancia.
Yo soy abundancia.
Porque reconozco a la gran fuente
presente en nuestra estancia.

Oración para los obreros y empleados

Dios es la fuente cristalina y abundante,
de donde proviene todo lo que poseo.
Dios es el sol que alumbra mis días,
de donde proviene la luz que brilla en mi vida.

Dios es el prado verde y fragante,
de donde tomo energía a cada instante.
El Señor trabaja a través de mis manos.
El Señor disipa mis temores vanos.
El Señor me protege entre sus brazos.

Oración pidiendo bendición

Oh, Señor, fuerte y dulce.
Alto y glorioso, soberano y justo,
lleno de gracia y clemencia;
yo me inclino ante Ti, me presento ante tu Majestad
e imploro tu misericordia y bondad.
Dígnate a escuchar mis plegarias;
bendice, te lo ruego, esta empresa
por tu virtud todopoderosa.
Es la gracia que te pido, en el Nombre de tu Hijo,
que reina contigo y del Espíritu Santo,
por los siglos de los siglos. Amén.

Oración para agricultores y campesinos

Yo Soy el sembrador de luz,
Yo Soy el sembrador de amor,
Yo Soy el sembrador de paz.
Mi Padre es la tierra fértil donde nace mi alimento.
Yo Soy el sembrador de luz,
Yo Soy el sembrador de amor,
Yo Soy el sembrador de paz.

Mi Padre es el árbol de la vida
que me da la provisión.
Yo Soy el sembrador de luz,
Yo Soy el sembrador de amor,
Yo Soy el sembrador de paz.
Mi padre es el sustento que no me abandona jamás.

Oración para lograr las metas personales

Todas las cosas buenas que yo deseo,
Dios las tiene reservadas para mí.
Todo lo que siembro en tierra fértil,
Dios alimenta la cosecha para mí.
Todos los logros que realice,
en el tiempo justo se manifestarán en mí.
A nada le puedo temer, nada me puede detener,
nada obstruye mi quehacer
cuando la Presencia de Dios brilla en mi ser.

Oración al Sagrado Corazón de Jesús

¡Oh, Sagrado Corazón de Jesús!
Tú que dijiste: pidan y recibirán;
Te ruego,
por las llamas ardientes que encienden
e iluminan tu Corazón
me concedas la gracia que te pido…
Y te ruego, también,
que con tu infinita misericordia
llenes, ilumines y guíes mi corazón.
Amén.

Agradecimiento a Jesús por su intermediación para lograr los bienes materiales

Jesús de Galilea, Cristo, Maestro:
Perdona que te utilice hoy como mediador
para rogarte hagas vibrar
en todo el espacio infinito
una expresión sublime de amor y gratitud
a ese Principio original e inteligente,
a ese Ser inconcebible e ignoto
a quien unos le llaman el Absoluto,
otros Brahma, otros Alá
y nosotros los cristianos le invocamos
con el sublime nombre de Dios.
Dile, Señor y Guía espiritual de los mortales,
dile a Él, que en este día mi corazón

está vibrando de amor infinito en gratitud
por sus leyes armónicas,
perfectas e inmutables de la naturaleza,
por la paz hermosa
de que hoy goza nuestro mundo,
por la salud y el bienestar material de mi familia;
y también gracias te doy
por haberme dado
una nueva luz de progreso universal,
de solidaridad, de evolución continua…
Abogado celestial de la humanidad,
dile a nuestro buen Señor de las Eternidades,
que mi corazón
y los de los demás miembros de mi familia
rebosan de emoción, en gratitud
por habernos abierto el entendimiento
al significado hermoso de tu ley
de amor al prójimo y adoración a Dios.
Dile a Dios, Cristo de Nazareth,
que de nuestra alma brota un canto de amor
que se eleva en las regiones celestes
por haberte permitido venir a la Tierra,
para enseñarnos el único camino
y la única verdad.
Con Dios y Contigo, Maestro,
estaremos en una renovación de votos.
Estás Tú en nosotros
Como nosotros estamos en Ti.
Gracias, Señor.

Perdóname, Señor

Si extenuado caigo en medio del camino,
perdóname, Señor.
Si mi corazón vacilara un día ante el dolor,
perdóname, Señor.
Perdona mi pusilanimidad.
Perdona por haberme detenido.
La magnífica guirnalda
que ofrecí a Dios esta mañana,
está ya marchitándose;
su belleza se desvanece.
Perdóname, Señor.

Tómame

Mi Dios,
atráeme hacia Ti,
tómame todo en Ti,
transforma en Ti todo mi ser,
vísteme de luz.
Eres mi sol y mi calor,
esplendor, fiesta y paz.
Te busco y llamo sin cesar
por la fe en la oscuridad.
Señor, yo me abandono a Ti,
sólo en Ti, todo a Ti,
cual niño puro quiero ser
y vivir siempre así.

Que la Luz Divina entre a nuestro hogar

A tu morada, Señor, vuela mi pensamiento
para pedirte bendigas nuestro hogar en el día de hoy.
Oh, Señor, mira cuántas ansias
tienen nuestros corazones de tu bendición.
Dános, Padre nuestro,
una migaja de bondad en cada alcoba,
una sonrisa de luz en cada puerta,
un reflejo de pureza en cada ventana.
Venid pronto,
Padre y Señor nuestro,
Que nuestro hogar está abierto
de par en par para recibirte.
Manifiesta tu presencia en cada cerebro
de todos los miembros de mi familia,
para que sólo exista la armonía
en todo el ambiente.
Sobre todo, permite lleguen a nuestra morada
seres de luz que irradien con su influencia
vivificadora cada rincón de nuestro hogar.
Dispénsanos, Padre,
la visita de aquellos ángeles de luz,
que simbolizan la caridad suprema.
Que ellos batan sus alas hermosas
para bendecirnos y purificar nuestro aire,
para saturar nuestros cuerpos.
Te pedimos que nos des la fortaleza necesaria
para afrontar los problemas de la vida,

tranquilidad espiritual y claridad mental
para comprender esos problemas
y la iluminación necesaria
para no caer en tentaciones.
Ilumina también a esos espíritus de causa
que se acercan a mi hogar,
haciéndoles ver que haciendo el mal se atrasan,
mientras que progresan mucho haciendo el bien.
Ilumina pues, esos seres equivocados
que se acercan a nosotros y a nuestro hogar.
Llena luego de fluídos puros nuestro ambiente,
haz que sólo vibraciones elevadas
lleguen a cada rincón.
Que la energía de Santidad Divina
que hoy ha entrado en nuestro hogar
perdure para siempre. Amén.

Índice

Esta obra se terminó de
imprimir en los talleres de:
Impresos JULMAR , Manuel M.
Flores No. 106 B, Col. Obrera, Del.
Cuauhtémoc C.P. 06800, México D.F.